VENTE

HOTEL DROUOT — SALLE N° 11

Les Vendredi 4
et Samedi 5 Novembre 1904
A 2 heures ½

Anciennes

PORCELAINES DE CHINE

DE

Saxe, Sèvres, Tournai, Chantilly, Mennecy

FAIENCES DE DELFT

BRONZES

Jade — Marbre — Bureau Louis XV

appartenant à M. R..., de Londres

EXPOSÉE CHEZ M. BÜTTNER

Mᵉ LAIR DUBREUIL, Commissaire-Priseur
6, rue de Hanovre

M. Arthur BLOCHE, Expert près la Cour d'Appel
51, rue Saint-Georges

d'Anciennes

PORCELAINES DE CHINE

de Saxe, de Sèvres
de Tournai, de Chantilly, de Mennecy

FAIENCES DE DELFT

Groupes, Potiches, Cornets, Plats, Coupes
Pendule, Vases, Tasses, Théières

BRONZES – PENDULES

VASES EN JADE VERT, BUSTE EN MARBRE

Bureau Louis XV

Appartenant à M. R..., de Londres

ET DONT LA VENTE AURA LIEU

HOTEL DROUOT — SALLE Nº 11

Les Vendredi 4 et Samedi 5 Novembre 1904, à 2 heures 1/4

Mᵉ F. LAIR-DUBREUIL	M. Arthur BLOCHE
COMMISSAIRE-PRISEUR	EXPERT PRÈS LA COUR D'APPEL
6, Rue de Hanovre, 6	51, Rue Saint-Georges, 51

chez lesquels se trouve le présent catalogue

(BN)

EXPOSITION PUBLIQUE

Le Jeudi 3 Novembre 1904, de 2 heures à 6 heures

CONDITIONS DE LA VENTE

Elle sera faite au comptant.

Les acquéreurs paieront 10 o/o en sus des adjudications.

L'exposition mettant le public à même de se rendre compte de l'état des objets, il ne sera admis aucune réclamation une fois l'adjudication prononcée.

Paris — Imp. C. CHAUFOUR, 8-10, rue Milton

DÉSIGNATION

PORCELAINES DE CHINE

1 — Vase, décor représentant une divinité
entourée de ses servantes apparaissant à un
mandarin et autres personnages debout et
assis sur le devant d'une pagode (famille
verte).

2 — Cornet à col évasé, dessin représentant des
guerriers et des cavaliers combattant dans
un paysage, le haut de la panse orné d'une
bande à quadrillés noirs sur fond vert avec
réserves de fleurs (famille verte).

3 — Cornet à col évasé, dessin en bleu, rouge,
jaune et vert à oiseaux de paradis perchés sur

des rochers au milieu d'arbustes fleuris (famille verte).

4 — Grand cornet. décor en polychrome de volatiles au milieu de rochers et d'arbres feuillagés et fleuris (famille verte).

5 — Potiche forme boule, décor en polychrome représentant des jeunes femmes dans un intérieur de maison (famille verte).

6 — Cornet à col évasé offrant dans le haut et dans le bas des oiseaux sur des rochers au milieu d'arbustes fleuris (famille verte).

7 — Plat à bords dentelés offrant au centre des volatiles au milieu de rochers et de branches fleuries, marli godronné (famille verte).

8 — Trois plats de forme octogonale offrant au centre un paysage avec balustrades et volatiles, bordure à oiseaux et fleurs sur fond vert (famille verte).

9 — Fontaine côtelée décorée de fleurs et volatiles (famille verte).

10 — Ecuelle à anses plates avec couvercle et plateau, décor à papillons et branchages de fleurs en polychrome sur fond blanc (famille verte).

11 — Trois plats de grandeurs différentes, forme rectangulaire à pans coupés, décor en polychrome offrant un paysage avec vues de pagodes et de murs (famille verte).

12 — Suite de sept plats de forme rectangulaire à pans coupés et en trois grandeurs différentes, décor à oiseaux de paradis voltigeant au milieu de branches de fleurs (famille verte).

13 — Jardinière ovale décorée d'oiseaux, de branchages et de fleurs (famille verte).

14 — Deux cornets, décor à objets d'ameublement et vases fleuris, bordure à lambrequins fleuris (famille rose).

15 — Cornet à quatre faces, décor de personnages et branches fleuries (famille rose).

16 — Paire de cornets décorés de vases fleuris, bordure à lambrequins, fond rose et bleu (famille rose).

17 — Grosse potiche, décor oiseaux de paradis et branchages de chrysanthèmes, bordure fond bleu turquoise à fleurs et ornements en polychrome, couvercle en bronze (famille rose).

17 bis — Deux potiches de même facture.

18 — Deux assiettes creuses, décor branchages de pivoines et de chrysanthèmes (famille rose).

19 — Deux grands plats ronds, décor aux paons et fleurs (famille rose).

20 — Grande potiche à huit pans offrant des médaillons de paysages animés de personnages, d'animaux, de volatiles sur fond cloitré et fleuri.

21 — Grosse potiche offrant sur la panse des branchages fleuris, bordure à lambrequins, décor en bleu, rouge et or, couvercle surmonté d'une chimère.

22 — Cornet de même facture.

23 — Paire de grosses bouteilles offrant tout autour des panses et sur les cols des scènes familières à nombreux personnages, les uns debout, les autres assis, au milieu de paysages.

24 — Potiche cotelée, décor polychrome à branchages de fleurs épanouies en polychrome sur fond blanc.

25 — Paire de cornets, décorés en bleu sur blanc, dans le haut et dans le bas, de nombreux personnages, et dans le centre, d'une chimère et d'un oiseau au-dessus des flots.

26 — Potiche ronde offrant des médaillons d'objets d'ameublement et feuillages en bleu sur blanc réservés sur fond gros bleu fouetté, Monture Louis XVI, en bronze finement ciselé à canaux et feuillages, couvercle ajouré surmonté d'une pomme de pin.

27 — Potiche et deux cornets à cols évasés et de forme cotelée, décor de médaillons d'arbustes

fleuris réservés sur fond de quadrillé rouge,
bordure à palmes.

28 — Potiche décorée en rouge et vert sur fond
blanc d'entrelacs fleuris.

29 — Paire de bouteilles côtelées décor à fleurs
sur fond blanc.

30 — Vase décoré en bleu sur blanc à réserves de
paysages animés de cerf, de biche et de volatiles sur fond vermiculé avec têtes de chimères tenant des anneaux simulant les anses.

31 — Vase plus petit de même décor.

32 — Vase avec réserves de personnages dans
des paysages sur fond bleu fouetté, couvercle
en bois sculpté.

33 — Vase en craquelé gris, anses à branchages.
Monture Louis XVI, en bronze ciselé et doré
à thyrse et guirlande de laurier.

34 — Vase offrant tout autour des scènes familières, composition de nombreuses figures de
femmes et d'enfants jouant.

35 — Cornet à col évasé, décor oiseaux, rochers et arbres fleuris.

36 — Grand cornet décoré dans le bas d'oiseaux de paradis et dans le haut à deux compartiments de branchages fleuris, bordure à petits dessins rouges.

37 — Cornet, décor à vol de papillons multicolores.

38 — Cornet à col évasé, décor à cartels d'arbres fleuris et oiseaux réservés sur fond rouge corail fleuri, bordure à lambrequins.

39 — Cornet cylindrique, oiseau sur branchages, sur fond céladonné vert pâle.

40 — Gourde, décor sous couverte en blanc sur bleu à cachets, vases et ornements.

41 — Garniture composée de trois potiches et de deux cornets, dessin à médaillons de personnages et cavaliers, bordure à lambrequins ornés de fleurs en rouge, bleu, vert et or.

42 — Petit vase, décor fond bleu fouetté avec dragons à cinq griffes et réserves de médail-

lons dorés à dessin d'objets d'ameublements
et fleurs.

43 — Deux cornets à col évasé décor à oiseaux
de paradis sur rocher et papillons au milieu
d'arbustes et de branchages fleuris.

44 — Potiche décor en bleu sur blanc à réserves
d'ameublement et éventails entrecoupés de
branchages.

45 — Potiche offrant un paysage avec cours
d'eau animé de bateaux.

46 — Grand vase fond rouge haricot.

47 — Grand plat creux, décor représentant une
corbeille fleurie, bordure à réserves et mosaïque, fond vert.

48 — Plat creux et ovale, décor central à ornement fleuri, marli à réserves de fleurs sur
fond vert.

49 — Plat rond et creux représentant une femme
appuyée contre un rocher regardant un personnage sur un mur, décor en polychrome.

50 — Deux grandes coupes décorées intérieurement et extérieurement en polychrome sur
fond blanc d'arbustes et de branchages
fleuris.

51 — Plat décor à fleurs bordure à éventails.

52 — Vase à deux anses et avec couvercle décor
en bleu à médaillons ornementés.

53 — Potiche décor à semis de fleurs sur fond
de nuages rouge.

54 — Quatre jardinières de forme hexagonale,
décor en bleu à paysage.

55 — Cornet décor en bleu sur blanc à paysages.

56 — Grand plat décor en bleu, rouge et or à
rosace centrale et entrelacs fleuris.

57 — Plat offrant au centre une scène à quatre
personnages.

58 — Grand plat rond offrant au centre un arbre
à petits branchages.

— Personnage agenouillé présentant une conque.

60 — Pichet décor par bandes en bleu et polychrome.

— Bol émaillé vert, blanc, noir et jaune.

— Bol, décor gravé intérieurement et à fleurs sur fond céladonné jaune.

— Vase à décor de dragons en furie sur fond céladon vert pâle.

64 — Paire de gourdes fond vert pré.

65 — Petite bouteille rouge flambé orné d'inscriptions sur la panse.

66 — Deux bols, décor extérieur de chimères paysages et fleurs.

67 — Coupe lobée, décor à rayons fonds bleus et blancs, d'oiseaux de branchages et objets d'ameublements en polychrome et or.

68 — Assiette offrant au centre un paysage ac-
cidenté, avec cours d'eau, bordure à quadrillé
et mosaïque, bordure extérieure rouge gro-
seille.

69 — Deux gourdes de grandeurs différentes
décor à personnages dans des paysages en
en bleu sur blanc.

70 — Petite coupe trilobée, décor à entrelacs
fleuris, en vert sur fond noir, intérieur bleu
turquoise.

71 — Deux bouteilles offrant en polychrome des
personnages dressant des chimères.

72 — Deux petits vases rouleaux de grandeurs
différentes, décor à réserves de branchages
fleuris sur fond bleu fouetté et rehaussé d'or.

73 — Petit vase, décor à branches fleuries, oiseau, papillon et insectes.

74 — Petit vase en céladon fleuri fond vert à
oiseau sur branchages.

75 — Petit vase forme balustre renversée, fond rouge flambé.

76 — Paire de petites bouteilles, décor à branchages et fleurs en bleu sur blanc.

77 — Plat à barbe, décor de fleurs et feuillage en bleu, rouge et or.

78 — Petite potiche, femmes et enfants dans un paysage en polychrome sur fond blanc.

79 — Assiette creuse, décor en noir et or offrant au centre une corbeille fleurie et sur la bordure des fleurs épanouies (coquille d'œuf).

80 — Tasse et soucoupe dessin à kakémonos offrant des paysages sur fond rose. Monture en cuivre formant porte-cigares (coquille d'œuf).

81 — Deux petits flacons à thé, décor en bleu sur blanc, oiseaux au milieu de branchages fleuris.

82 — Petit vase fond rouge corail.

83 — Théière offrant tout autour de la panse des personnages et un troupeau de chèvres au bord d'un cours d'eau.

84 — Petite théière décor en relief à vase fleuri.

85 — Pot à crème dessin à rouleaux ouverts offrant des paysages sur fond rose.

86 — Bol décoré à l'extérieur par compartiments de branchages fleuris.

87 — Coupe décor extérieur par compartiments à paysages, animaux et volatiles, bordure bleu fouetté à dessins dorés.

88 — Deux assiettes de forme octogonale offrant au centre des enfants jouant près d'une dame assise, bordure fond rouge et fond rose.

89 — Petite coupe à bordure dentelée et lobée, dessin en relief offrant un rat au milieu de branches de vigne.

90 — Deux groupes : personnages assis sur des éléphants.

91 - Petit vase forme balustre renversé décor à réserves d'objets d'ameublement entrecoupés de feuillages en bleu sur blanc.

92 — Sucrier avec couvercle décor en bleu sur blanc à lambrequins ornementés.

93 — Petit vase fond rouge flambé, base et couvercle en bronze doré, socle en marbre.

94 — Théière décorée d'or sur fond bleu.

95 — Petite théière forme hexagonale décor ajouré à fleurs.

96 — Petite théière décor à personnages encadrés d'ornements dorés.

97 — Petite théière décor à fleurs et lambrequins fond rouge.

98 — Petite théière décorée de poules et de papillons en rouge sur fond bleu fouetté.

99 — Théière décor d'éventails réservés sur fond bleu fouetté.

100 — Petite théière décorée de médaillons de fleurs réservés sur fond noir fleuri.

101 — Petite théière décorée de médaillons offrant des canards et des arbustes fleuris réservés sur fond noir.

102 — Petite théière décorée de branchages fleuris.

103 — Théière côtelée décorée de médaillons à chimères, anse droite.

104 — Deux petites théières décorées de personnages assis sur des zébus.

105 — Petite théière lobée décorée de fleurs.

106 — Théière décor en rouge et vert à chimères au milieu de branchages.

107 — Coupe décor en bleu sur blanc offrant à l'intérieur des personnages et à l'extérieur des branchages et une bordure ornementée en relief.

108 — Deux buires décorées de médaillons ornementés, réservés en blanc sur fond bleu.

109 — Petite aiguière forme persane décorée de
médaillons offrant des arbustes fleuris.

110 — Sucrier décor à carrelages et ornements en
bleu sur blanc.

111 — Petite buire décorée de fleurs en bleu, rouge
et vert.

112 — Assiette creuse lobée offrant au centre un
ornement fleuri sur fond vert, bordure inté-
rieure et extérieure à tiges fleuries.

113 — Coupe à sacrifice décorée de personnages
et d'objets d'ameublement.

114 — Deux petites tasses et une soucoupe, décor
de fleurs.

115 — Grande coupe décorée de poissons à l'intérieur et de fleurs dorées sur fond gros bleu
à l'extérieur.

116 — Très grand plat décor en jaune à dragons
à cinq griffes sur fond de nuages bleus.

117 — Grand vase fond craquelé gris, décoré en
bleu d'un paysage.

118 — Vase émaillé, décor gravé à chimère sur
fond vert.

119 — Petite coupe cylindrique sur plateau, décor en rouge, bleu et vert à oiseau près d'un
arbre.

120 — Petit groupe émaillé, oiseaux et tortue au
milieu de rochers et d'arbres.

121 — Petite théière à panses rentrées avec poule
et oiseaux en relief sur fond gros bleu à dessin
doré.

122 — Deux petites théières à fleurs et feuilles
roses sur fond noir.

123 — Trois petites assiettes, décor oiseaux et
branchages en vert et bistre sur fond jaune

124 — Petite coupe émaillée, décor rouge flambé, sur pied en bois sculpté.

125 — Théière en grès émaillé à médaillons de personnages sur fond jaune.

PORCELAINES DIVERSES

126 — Allemagne. Statuette d'homme oriental debout sur un fût de colonne drapée.

127 — Allemagne. Petite corbeille ajourée, décor blanc et or.

128 — Allemagne. Petit vase forme Louis XV décor à fleurs.

129 — Chantilly. Tasse lobée et soucoupe, décor à gerbe de fleurs et papillon.

130 — Charles Théodore. Deux groupes en blanc de deux personnages sous un bosquet.

131 — Kronenburg. Deux grands plats offrant au centre un médaillon enrubanné représentant des petits paysages, bordure à fleurs.

132 — Lorraine. Groupe en blanc Hercule et Omphale.

133 — Mennecy. Statuette d'homme debout près d'un violoncelle.

134 — Mennecy.Deux tasses avec leurs soucoupes de forme côtelée décorées de fleurs. Dans un écrin en cuir.

135 -- Saxe. Petite pendule sur socle représentant une femme tenant une guirlande de fleurs, cadran surmonté d'un buste de femme.

136 — Saxe. Vase offrant des médaillons de personnages et de fleurs réservés sur fond jaune.

137 -- Saxe. Chocolatière décor à personnages en camaïeu rose.

138 — Saxe. Trois petits vases sur socles fond blanc rehaussé d'or.

130 — Saxe. Trois petites corbeilles sur supports
décor à fleurs.

139 *bis* — Saxe. Deux soucoupes, forme carrée à
pans coupés, décor de fleurs, bordure extérieure fond jaune.

140 — Saxe. Théière à côtes tournantes et groupe
de fruits.

141 — Saxe. Théière décorée de fleurs au milieu
de rocailles en relief.

142 — Saxe. Sucrier décoré de scènes champê-
tres, bordure gaufrée.

143 — Saxe. Tasse et soucoupe dessin à médaillons de paysages.

144 — Saxe. Flacon à thé à quatre faces décoré
d'oiseaux et de fleurs.

145 — Saxe. Quatre salières décorées de jetées de
fleurs.

146 — Saxe. Sucrier avec couvercle décor à bouquets de fleurs, bordure gaufrée.

147 — Saxe. Plateau offrant au centre un groupe de personnages dans un paysage ; bordure rose.

148 — Saxe. Béquille forme tête de paysan coiffé d'un grand bonnet.

149 — Saxe. Vase sur rocher entouré d'un branchage fleuri avec chien et volatiles sur le terrassement.

150 — Saxe. Petit vase ajouré avec fleurs en relief et médaillons de petits personnages.

151 — Saxe. Buste de femme drapée sur gaîne.

152 — Saxe. Statuette d'enfant tenant une corbeille de fleurs.

153 — Saxe. Statuette de chasseur avec son chien.

154 — Saxe. Pot à crème, décor à bouquets et jetées de fleurs.

155 — Saxe. Théière, décor de fruits, papillons
et insectes, bordure gaufrée.

156 — Saxe. Pot à crème, décor à fruits et jetées
de fleurs, bordure à quadrillé fond jaune.

157 — Tasse et soucoupe, décor volatiles et branchages dans le goût chinois, sur fond mauve.

158 — Saxe. Tasse et soucoupe, décor guirlandes
et bouquets de fleurs, bordure gaufrée.

159 — Saxe. Coupe supportée par deux enfants.

160 — Sèvres. Plateau en forme de losange, offrant au centre en médaillon des oiseaux perchés sur un arbre sur fond marbre rose poin-
tillé d'or.

161 — Sèvres. Deux compotiers à bordure dentelée, dessin à bouquets de fleurs bordure à
filets bleus.

— Sèvres. Sucrier décor à gerbes de fleurs.

163 — Sèvres. Deux pots à crème avec couvercles, décor en bleu à guirlandes de fleurs et nœuds de ruban.

164 — Sèvres. Pot à crème décor à bouquets de fleurs.

165 — Sèvres. Buste d'homme en biscuit tendre, sur socle bleu de roi.

166 — Tournai. Assiette creuse à bordure dentelée et gaufrée, dessin à gerbes de fleurs détachées.

167 — Japon. Plat rond à décor polychrôme de chysanthèmes et de papillon.

FAIENCES

168 — Delft doré. Gourde plate offrant sur la panse des branchages fleuris, bordure à lambrequins.

169 — Delft doré. Petite potiche côtelée, décor dans le goût chinois en bleu, rouge et or.

170 — Delft doré. Petit pot forme baril décoré de branches de fleurs.

171 — Delft. Paire de petites potiches côtelées décorées de fleurs et d'oiseaux en polychrôme.

172 — Delft. Petite potiche décor en bleu à ornements et rinceaux.

———

SCULPTURES

173 — Grand vase en jade vert finement sculpté et évidé offrant en relief des branchages et des rinceaux fleuris, base et haut à lambrequins et grecques, anses ajourées. Socle en bois de fer sculpté.

174 — Buste de jeune garçon drapé, en marbre blanc. 1er Empire.

175 — Deux torchères Louis XVI formées par des statuettes de femmes debout sur des fûts de colonnes cannelées en bois sculpté peint noir et doré.

BRONZES

176 — Pendule en bronze ciselé et doré, allégorie aux joies maternelles. Epoque Ier Empire.

177 — Pendule en bronze doré à figure d'homme allégorique accoudé sur le mouvement, socle forme bateau en marbre vert orné de bronzes dorés. Ier Empire.

178 — Pendule en bronze doré formée de colonnettes supportant le cadran sur lequel se trouve un enfant couché, XVIIIe siècle.

179 — Ecritoire Louis XV en laque fond noir à décor d'or, monture et branches de lumières en bronze doré, godets en porcelaine de Chine.

180 — Deux statuettes d'homme debout sur des socles couronnés en bronze patine foncée. Ier Empire.

181 — Deux statuettes d'hommes marchant en bronze portant un baquet et un panier, socle en bois, XVIIIᵉ siècle.

182 — Petit cartel Louis XVI en bronze ciselé et doré, modèle à vase et nœuds de ruban.

183 — Deux petits bustes en bronze : Henri IV et Sully, socles en marbre, XVIIIᵉ siècle.

184 — Petit flambeau bout de table Louis XVI en bronze ciselé et doré.

185 — Paire de flambeaux argentés, modèles à gaines enguirlandées, perles et têtes de boucs. Epoque Louis XVI.

186 — Statuette d'homme debout en bronze. XVIᵉ siècle.

MEUBLE

187 — Petit bureau en bois de rose ouvrant à dos
d'âne, garni de bronzes ciselés et dorés. Epoque Louis XV.

ÉTOFFE

188 — Dessus de calice en moire blanche brodée
d'or.

189 — Objets omis.

www.ingramcontent.com/pod-product-compliance
Ingram Content Group UK Ltd.
Pitfield, Milton Keynes, MK11 3LW, UK
UKHW031723170726
13836UKWH00001B/393